Martin e Rosa

MARTIN LUTHER KING E ROSA PARKS, UNIDOS PELA IGUALDADE

Texto de Raphaële Frier e desenhos de Zaü

Tradução: André Telles

pequenazahar

Rosa anda no asfalto
com o irmãozinho.
Acabam de avistar o ônibus
dos alunos brancos.
O ônibus passa diariamente
por eles, sem parar,
como se cruzasse com moscas,
nada além de moscas na estrada.
Assim caminha a vida nessa aldeia
do Alabama, no Sul dos Estados Unidos.

No trajeto, Rosa e Sylvester passam
em frente à escola dos brancos.
– Negra suja! – xinga um garoto,
fazendo uma careta. – Como é,
não está na plantação hoje?
Terminou a colheita do algodão?!
Sem refletir, Rosa se abaixa,
pega um tijolo e...
Prefere pousá-lo de volta no chão.

Aqui, nos anos 1920,
quando se é negro,
o melhor é calar a raiva.

ESCOLA

Aos onze anos, Rosa parte para estudar
em Montgomery, capital do Alabama.
Tudo, na cidade, separa brancos e negros.
A segregação impõe sua lei.

Há bebedouros para os brancos
e bebedouros para os negros.
Em toda parte, nos elevadores, cafés,
banheiros e bilheterias dos cinemas,
as pessoas passam por uma triagem
e são separadas pela cor da pele.
Até as escolas dividem as crianças.

A de Rosa é dirigida por
uma mulher branca que sonha com igualdade.
Uma noite, os brancos encapuzados
da Ku Klux Klan aproximam-se
e invadem a escola.
Agitam tochas.

No dia seguinte, mesas e cadeiras
não passam de um monte de cinzas.

NAACP

Rosa tem dezesseis anos quando conhece Raymond Parks,
jovem barbeiro de Montgomery engajado na luta
pela defesa dos direitos dos negros.
São grandes os riscos, pois a Ku Klux Klan
aterroriza as ruas todas as noites.

Negros mortos e pendurados nas árvores,
casas incendiadas, linchamentos...
Raymond e Rosa não suportam mais esses horrores.
Contudo, em vez de irem para o Norte dos Estados Unidos,
onde a vida parece mais fácil, decidem
permanecer em Montgomery e não se calar mais.

Raymond promove reuniões clandestinas,
ajuda as vítimas das leis racistas.
Rosa, além de seu trabalho de costureira,
é secretária da NAACP,
associação que combate a discriminação
e a segregação raciais.

Enquanto isso, em Atlanta,
outra cidade do Sul, um bebê
abre os olhos para o mundo.
E, dentro de poucos anos,
o mundo inteiro saberá seu nome.

É Martin. Martin Luther King Junior.
Inteligente, sensível,
às vezes um pouco rebelde...
Apesar disso, no dia em que duas crianças brancas
da vizinhança lhe avisam que não podem
mais brincar com ele, ele não diz nada.

Como seus pais são menos pobres
que a maioria dos negros do país,
Martin tem a sorte de fazer seus estudos
no Norte, em Boston.
Como o pai e o avô,
escolhe ser pastor,
e se dedica à causa do povo negro.

Ele então decide voltar para o
Sul racista, para Montgomery,
pois é lá que deve começar a luta
pelos direitos civis dos negros.

Nos ônibus de Montgomery
os negros são obrigados
a ceder seus lugares aos brancos.
Humilhação que se repete
duas vezes por dia,
seis dias por semana,
para aqueles a caminho do trabalho.

A ideia de boicotar os ônibus
da cidade e registrar queixa
contra a companhia
ganha corpo.
Mas como juntar forças para isso?
Ainda é preciso refletir, abrir a
discussão, esperar o momento certo.

Esperar enquanto
a violência continua.
Enquanto o jovem Emmett Till
é linchado e assassinado.
Enquanto os autores do crime
são libertados.
Rosa nunca se esquecerá da fotografia
daquele garoto de quatorze anos,
com o rosto desfigurado,
publicada nos jornais no verão de 1955.

Em 1º de dezembro de 1955,
Rosa espera o ônibus. Está cansada de mais um dia de trabalho. Cansada de tudo que é obrigada a suportar diariamente junto com seus irmãos e irmãs de cor.

O ônibus chega. Todos os lugares do fundo, destinados aos negros, estão ocupados. Rosa então se instala num assento livre da parte do meio, aquela em que os brancos têm prioridade.
Um homem branco não demora a exigir seu lugar.
Mas Rosa não se mexe.
Rosa está cansada de ceder.
Hoje, não irá se espremer no fundo do ônibus.
Rosa cerra os punhos.

O motorista ordena-lhe que desocupe imediatamente o seu lugar.
Rosa não tem medo.
– Não! – responde calmamente.
– Está bem. Vou chamar a polícia.
– Faça o que tem que fazer...

O motorista não hesita.
E Rosa vai para a prisão.

Rosa Parks, mulher discreta e respeitada,
presa por ter contestado
uma lei racista...
A revolta é geral.
Chegou a hora de instituir
o boicote aos ônibus!

No domingo seguinte, Martin Luther King
e os outros pastores da cidade
conclamam seus fiéis a não andarem mais
de ônibus. Panfletos são distribuídos
à população. A mensagem logo se propaga.

No dia seguinte, os trabalhadores negros,
os estudantes negros, todas as pessoas
negras de Montgomery tomam de assalto
as calçadas da cidade...

E os ônibus rodam vazios.

Rosa é solta sob fiança.
Assim que deixa a prisão,
dirige-se à grande assembleia
a ser realizada na igreja, na primeira noite
do boicote. É tanta gente
que foram instalados alto-falantes
para os que ficaram do lado de fora!

– Que os medrosos vistam seus chapéus
e casacos e voltem para casa –
grita um dos líderes à massa –,
pois é longo o caminho
que se anuncia!

O reverendo Martin Luther King
foi escolhido para liderar o boicote.
O jovem pastor ainda não é
muito conhecido em Montgomery,
mas, quando fala de justiça e amor,
suas palavras transbordam confiança.

A multidão vota por unanimidade pela
continuação do boicote. Rosa Parks está
comovida e cheia de esperança.

A caminhada dos negros recomeça na manhã seguinte e nas posteriores.
Quem ainda não furou os sapatos no asfalto de Montgomery?
A solidariedade se organiza. Aqui estão sapatos novos para seguir adiante, mas há também bicicletas, carroças e até mulas!
Os ônibus permanecerão estacionados na garagem.

Martin recebe ameaças de morte. Uma bomba explode em sua casa enquanto ele faz um comício. Mandado para a prisão, junto com Rosa e outros militantes, repete incansavelmente:
– À violência, devemos responder com a não violência.

Apesar das ameaças, o boicote resiste durante longos meses. As pessoas acreditam no protesto. Caminham horas a fio, carregam os mais fracos, ajudam-se mutuamente.
– Meus pés estão cansados, porém a minha alma está em repouso! – exclama uma senhora idosa.

As crianças estão esgotadas.
– É preciso resistir – repetem os pais. – Nós caminhamos para exigir igualdade.
As leis racistas irão mudar... Chegaremos lá!
E contam suas origens e sua história aos mais jovens.

"Não faz tanto tempo assim,
ainda éramos todos escravos...

... Mas em breve gozaremos
dos mesmos direitos que os brancos."

Os negros de Montgomery caminham há 381 dias! Em 20 de dezembro de 1956, finalmente, a pedido da Corte Suprema dos Estados Unidos, o estado do Alabama revoga sua lei racista. Assim como os brancos, os negros agora têm o direito de se instalar onde bem quiserem nos transportes públicos.
No dia seguinte, Martin Luther King e seus amigos pegam o primeiro ônibus da manhã.

Um ônibus sem as tabuletas *White* (brancos) e *Colored* (pessoas de cor).
Martin senta ao lado de Glenn Smiley, um dos raros reverendos brancos a participar da luta pela igualdade dos direitos civis.
Logo depois, Rosa acomoda-se num lugar da frente, bem atrás do motorista.
Por uma vez na vida, não cerra os punhos. Sorri.

Rosa e Martin venceram
a primeira batalha,
mas resta ainda muito a fazer
pela igualdade de negros e brancos
em solo americano.

O discurso que Martin Luther King
pronuncia diante do Memorial Lincoln,
em Washington, no dia 28 de agosto de 1963,
ficou gravado em todas as memórias.

"I have a dream... *Eu tenho um sonho.*
Sonho que um dia, sobre as colinas
vermelhas da Geórgia, os filhos
de antigos escravos e os filhos
de antigos donos de escravos
poderão sentar-se juntos
à mesa da fraternidade. ...
Sonho que meus quatro filhos
viverão um dia num país
onde não serão julgados
pela cor de sua pele, e sim
pelo valor de seu caráter..."

Por toda a vida, Martin continuou
a lutar, pregando sempre
a não violência e
a desobediência civil.
Mas sua vida foi breve: no dia 4 de abril de 1968,
aos 39 anos, foi assassinado por um
segregacionista branco, durante a realização
de um comício em Memphis.

Uma grande comoção tomou conta do país.
E as manifestações de revolta foram
severamente reprimidas.

Rosa prosseguiu
na luta pela igualdade
dos direitos entre negros e brancos
por toda a sua longa vida.
Nos dias posteriores à sua morte, em 2005,
era possível ler, nos bancos da frente
de todos os ônibus de Montgomery,
os seguintes dizeres:

"A EMPRESA DE ÔNIBUS
RENDE HOMENAGEM À MULHER
QUE SE MANTEVE DE PÉ
AO PERMANECER SENTADA."

OBAMA

Em 2008, mais de cinquenta anos depois do corajoso gesto de Rosa Parks
e um século e meio após a abolição da escravatura,
os norte-americanos celebram a eleição de um novo presidente.
Seu nome é Barack Obama.
É o primeiro presidente negro dos Estados Unidos.

Na noite dessa eleição histórica,
ressoam forte as palavras que
Martin Luther King pronunciou
logo no início do boicote de Montgomery:
*"Quando os futuros livros de história
forem escritos, será dito:
Aqui vivia um povo, um povo negro,
um povo que teve coragem
de defender seus direitos."*

E, nessa noite, em muitos olhares,
brilha a lembrança de Rosa.

Porém, outros Martin
continuarão a se indignar.
Outras Rosa deverão protestar.
Outros seres humanos deverão caminhar,
rebelar-se, sonhar,
para que não só nos Estados Unidos,
como no resto do mundo,
a cor da pele jamais represente um fardo.

DR

Martin e Rosa

Duas vidas por uma mesma luta

PARA COMPREENDER MELHOR

Rosa Parks e Martin Luther King
foram agentes de inúmeros avanços
ocorridos nos Estados Unidos e no mundo.

Tornaram-se símbolos
do combate ao racismo
e toda a discriminação baseada
na origem étnica de um ser humano.

Martin Luther King e Rosa Parks durante manifestação em 1955, em Montgomery, Alabama.

A vida no Sul dos Estados Unidos

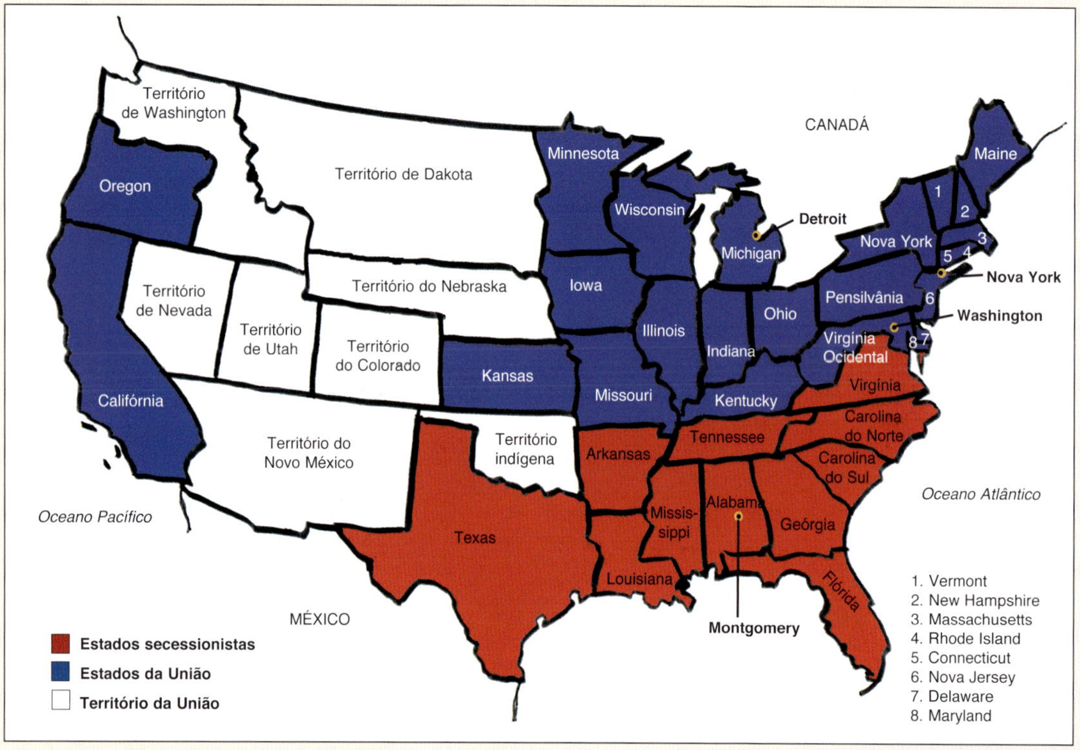

Em 1861, a causa da escravidão divide profundamente os norte-americanos. Rejeitando a abolição, onze estados do Sul desligam-se da União. Durante quatro anos, Sul e Norte se engalfinham: é a Guerra de Secessão.

DR

Centenas de escravos eram obrigados a usar colares com pregos, o que os impedia de fugir e se esconder com facilidade. Gravura do século XVIII.

Rosa Louise McCauley Parks nasceu em 4 de fevereiro de 1913, em Tuskegee, pequena cidade do Alabama.

Martin Luther King Junior nasceu em 15 de janeiro de 1929, em Atlanta, na Geórgia.

O Alabama e a Geórgia são estados do Sul dos Estados Unidos. Foi nessa região que o preconceito contra os negros sempre se manifestou com mais força.

O Sul escravagista

Durante séculos, o Sul contou com o sistema escravagista para explorar suas terras agrícolas. Quando, em 1861, Abraham Lincoln, fervoroso adepto da abolição da escravatura, tornou-se o primeiro presidente dos Estados Unidos da América, onze estados do Sul provocaram uma guerra civil – conhecida como "Guerra de Secessão" – ao decidirem abandonar a União, isto é, a nação norte-americana, que, nesse momento, federava 35 estados.

Mesmo tendo perdido a guerra e sido reintegrados à União, os estados do Sul contestaram imediatamente a abolição da escravatura declarada por Lincoln em 1865 e deixaram de respeitar as leis, passando a impor regras discriminatórias e racistas em seus territórios.

As leis segregacionistas

Durante quase um século, entre 1876 e 1964, os estados do Sul basearam-se nas "leis de Jim Crow": um conjunto de regras estabelecidas pelos próprios estados, as quais determinavam um princípio de igualdade de direitos entre brancos e negros, mas na realidade impunham a segregação em todos os logradouros e serviços públicos.

Escola restrita às crianças negras no Alabama, nos anos 1950.

Matt Herron / Take Stock / The Image Works / Roger-Viollet

EXEMPLOS DAS "LEIS DE JIM CROW" VIGENTES NO ALABAMA

- **Relativas às enfermeiras**

Nenhuma pessoa ou empresa exigirá de qualquer enfermeira branca que esta trabalhe em enfermarias, públicas ou privadas, onde haja negros acomodados.

- **Relativas aos ônibus**

Todos os pontos de ônibus deste estado, independentemente da empresa de transportes, deverão ter salas de espera e guichês separados para brancos e pessoas de cor.

- **Relativas aos transportes ferroviários**

Os fiscais de trens de passageiros devem acomodá-los em seus vagões ou cabines segundo sua cor.

- **Relativas aos restaurantes**

Todo restaurante ou qualquer outro local que sirva refeições será considerado ilegal caso não possua salas diferentes para pessoas brancas e de cor, a menos que tais salas sejam separadas de forma eficaz por uma divisória fosca, estendendo-se do assoalho até o teto a uma distância mínima de dois metros, e que haja uma entrada à parte.

A vida cotidiana em Montgomery

Uma forte segregação racial reinava em Montgomery, capital do Alabama, onde viveram Martin Luther King e Rosa Parks. Mesmo com a maioria dos passageiros formada por negros, os ônibus só passavam em frente às residências dos brancos. Durante os trajetos, os negros eram obrigados a se instalar no fundo ou, em caso de lotação, no meio do ônibus. Contudo, quando um branco reivindicava um assento no meio, não havia remédio senão ceder-lhe. Os lugares dos negros eram marcados com uma tabuleta *Colored people* (pessoas de cor) e os outros com uma tabuleta *White only* (reservado aos brancos).

A mesma coisa no caso de bebedouros, banheiros, elevadores, guichês...

A maioria dos hospitais era reservada aos brancos, assim como as escolas públicas.

Os negros podiam frequentar a piscina pública apenas um dia por semana, na véspera da grande

Membros da Ku Klux Klan agitam a cruz e a bandeira norte-americana durante cerimônia em homenagem ao seu "feiticeiro imperial", nos anos 1930.

Roger-Viollet

limpeza! Casais mistos eram proibidos: os negros corriam o risco de ser linchados e os brancos, de ser banidos da sociedade.

A Ku Klux Klan

Em todo o Sul, formaram-se milícias com a finalidade de intimidar os negros e barrar seu acesso aos direitos civis. Linchamentos eram comuns: os membros dessas milícias não hesitavam em impedir as pessoas negras de votar ou em queimar suas escolas e casas; matavam e penduravam as vítimas nas árvores para espalhar o terror. Chegavam a mandar pelo correio cartões-postais e cartazes com fotografias de corpos enforcados ou pelotões de execução...

A Ku Klux Klan era uma das principais milícias existentes (também conhecida como KKK ou Klan). A KKK foi criada, na noite de 24 para 25 de dezembro de 1865, por seis jovens oficiais sulistas que acabavam de perder a guerra contra a União e recusavam-se a aceitar as recentes leis que concediam novos direitos aos negros. A KKK lutava pela "supremacia da raça branca" e defendia a superioridade dos direitos dos brancos sobre os negros, baseando-se em certa intepretação da religião protestante.

Agir pela igualdade de direitos

AFP

Martin Luther King e membros da NAACP por ocasião da grande marcha pelo emprego e pela liberdade, em Washington, em 1963.

Contra o ódio racial, uma grande associação: a NAACP

A NAACP, National Association for the Advancement of Colored People (associação nacional pelo avanço das pessoas de cor), é uma organização norte-americana de defesa dos direitos civis. Fundada em 1909 para obter a igualde de direitos de todos os cidadãos e eliminar o ódio e a discriminação raciais, atuou vigorosamente durante os anos 1950. Organizava sobretudo grandes manifestações de rua, com seus advogados defendendo as vítimas do racismo cotidiano. Rosa Parks trabalhou muitos anos no secretariado da associação.

Algumas lutas da NAACP

Jeremiah Reeves

Ele tinha dezesseis anos quando foi detido pela polícia. Segundo seus defensores, mantinha um relacionamento com uma adolescente branca, o que não era tolerado no Alabama. Um vizinho flagrou o casal e denunciou Jeremiah e sua companheira. Esta, que incorria em ofensa grave pelo delito, preferiu acusar o rapaz de estupro. Jeremiah foi condenado à morte e, cinco anos depois, executado na cadeira elétrica.

A NAACP defendeu o réu, tentando provar sua inocência, mas em vão. Jeremiah Reeves morreu aos 21 anos, vítima do ódio racista. Era músico e poeta.

O caso dos Scottsboro Boys

Em 1931, nove rapazes negros com idade entre treze e dezenove anos foram injustamente acusados de estuprar duas mulheres brancas num trem de carga que atravessava o estado do Alabama. O tribunal de Scottsboro declarou todos culpados. À exceção do mais jovem, os demais foram condenados à cadeira elétrica. Os réus foram defendidos por diferentes organizações, como o Partido Comunista e a NAACP, que recorreram da decisão. Eles conseguiram escapar à morte e, nos anos 1940 e 1950, obtiveram gradativamente a liberdade condicional. O último preso, Clarence Norris, terminou por ser indultado... em 1976.

Emmett Till

O adolescente de quatorze anos, morador de Chicago, no Norte, estudava num colégio que reunia negros e brancos. Em agosto de 1955, foi passar uns dias de férias na casa do tio, no Mississippi. Não conhecia muita coisa do Sul, embora a mãe o houvesse alertado para o racismo que reinava por lá. De modo um pouco provocador, Emmett dirigira um "Bye, Baby!" (Tchau, querida!) a uma jovem branca na rua. Poucos dias depois, o corpo mutilado de Emmett, com uma bala na cabeça, era encontrado no rio Tallahatchie. Uma máquina de debulhar algodão, símbolo da escravidão, conservara-o nas profundezas.

Os autores do crime foram declarados não culpados e soltos imediatamente. A fim de revelar o escândalo ao mundo inteiro, a mãe de Emmett mandou abrir o caixão do filho no dia do enterro. No dia seguinte, Rosa Parks e Martin Luther King, junto com milhões de norte-americanos, depararam-se com a terrível imagem daquele rosto intumescido denunciando o racismo no dia a dia.

O caminho de Rosa e Martin

PX / NY / Camerapress / Gamma

Martin Luther King, orando antes de uma refeição em família. À sua frente, a esposa, Coretta Scott King, com três de seus quatro filhos e uma amiga.

Rosa, séria e modesta

O pai de Rosa Parks era carpinteiro. A mãe, professora primária, atribuía grande importância à escola e queria que os filhos recebessem uma boa educação. Os pais de Rosa decidiram então instalar-se em Tuskegee, devido à sua (ainda hoje) reputada escola para negros. O estabelecimento, fundado por Booker T. Washington, ex-escravo e participante da luta abolicionista, na época era dirigido por uma mulher branca antirracista. A escola foi atacada inúmeras vezes pela Ku Klux Klan, pois seus membros não suportavam aquela situação.

A partir de 1915, muitos negros, que não conseguiam viver decentemente no Sul segregacionista, partiram para procurar trabalho no Norte, bem mais industrializado. Foi o que o pai de Rosa fez. De toda forma, a vida nas grandes cidades do Norte continuava difícil para os negros, vítimas, lá também, de mentalidades racistas que estavam longe de desaparecer.

Após 1955, e sua recusa em ceder o lugar no ônibus a um branco, Rosa enfrentou dificuldades em Montgomery, principalmente para arranjar um emprego. Isso fez com que, em 1957, se mudasse para Detroit, no Norte, onde trabalhou para o representante democrata do estado de Michigan no Congresso, o afro-americano John Conyers. Morou lá até morrer, em 24 de outubro de 2005.

Martin, o pastor engajado

A mãe de Martin também era professora primária, além de tocar órgão nas igrejas. O pai, Martin Luther King Senior, era pastor batista, assim como o avô. Militando na esfera da NAACP, ele já se recusava a utilizar os ônibus de Atlanta. A família King beneficiava-se de um status social mais elevado que a maioria dos afro-americanos da época. Martin tivera uma infância feliz, num belo sobrado, e seus pais puderam pagar seus estudos.

Martin Luther King era brilhante na escola, tendo obtido o doutorado aos 26 anos de idade. Estudou sociologia, teologia e filosofia. No fim de seus estudos, descobriu Gandhi, líder do movimento pela independência da Índia. Foi uma revelação, e o jovem pastor aderiu totalmente ao método da desobediência civil de massa, fundado na não violência.

Após a vitória do boicote de Montgomery, planejou diversas ações para defender a igualdade, o direito de voto dos negros e a melhoria das condições de vida de todas as minorias étnicas. Em 28 de agosto de 1963, organizou uma grande marcha pelo emprego e pela liberdade em Washington, pronunciando, nessa ocasião, seu célebre discurso "I have a dream", diante de mais de 300 mil pessoas, no adro do Memorial Lincoln.

Em 1964, Martin Luther King recebeu o Prêmio Nobel da Paz e deu início à sua grande campanha contra a pobreza. No entanto, foi assassinado, em 4 de abril de 1968, em Memphis, no Tennessee, para onde viajara a fim de apoiar uma greve de garis negros. Seu assassinato provocou tumultos em uma centena de cidades, ocasionando inúmeras vítimas.

Desde 1986, vigora o Martin Luther King Day, feriado dedicado à memória do líder negro, sempre na terceira segunda-feira de janeiro, próximo à data de seu nascimento (15 de janeiro).

Lutas vitoriosas

The Image Works / Roger-Viollet

Policial extraindo as impressões digitais de Rosa Parks, logo após sua prisão, quando se recusou a ceder lugar a um branco num ônibus de Montgomery.

Martin Luther King participando de uma manifestação contra a segregação. Atrás dele, retratos de militantes do movimento pelos direitos cívicos dos negros assassinados pela Ku Klux Klan.

George Ballis / Take Stock / The Image Works / Roger-Viollet

Quando as leis finalmente mudam

As lutas de Rosa Parks e de Martin Luther King foram as mesmas de milhões de afro-americanos, apoiados por alguns brancos, que se mobilizaram anos e anos em prol da igualdade.

Embora quase sempre não violentos, os protestos também tiveram excessos. A raiva e o desespero dos negros manifestaram-se por vezes de maneira brutal e foram muitos a perder a vida.

Sacudidos por esse movimento, os Estados Unidos adotaram, em 2 de julho de 1964, o Civil Rights Act, célebre lei que, acima de tudo, proibia a discriminação nos locais públicos. Um pouco mais tarde, em 1965, o Voting Rights Act suprimiu as taxas e testes até então impostos como condição para votar.

A diversidade das lutas

Além de Rosa Parks e Martin Luther King, outros nomes associaram-se à luta contra a segregação nos Estados Unidos: o líder negro muçulmano Malcom X, assassinado em 1965, o movimento dos Panteras Negras, muito mais radical que a NAACP, ou, nos anos 1970, Angela Davis. Eles ilustram nuances ou divergências que permearam a luta antirracista norte-americana.

WE SHALL OVERCOME (NÓS TRIUNFAREMOS)

Esse antigo gospel tornou-se o hino do movimento pela igualdade dos direitos nos Estados Unidos. Em especial, foi entoado por Joan Baez antes do célebre discurso de Martin Luther King "I have a dream", em Washington, em 1963.

We shall overcome, we shall overcome,
We shall overcome, some day.

Oh, deep in my heart,
I do believe,
We shall overcome, some day.

We'll walk hand in hand,
We'll walk hand in hand,
We'll walk hand in hand, some day.

We shall live in peace, we shall live in peace,
We shall live in peace, some day.

We shall all be free, we shall all be free,
We shall all be free, some day.

We are not afraid, we are not afraid,
We are not afraid, today.

Nós triunfaremos, nós triunfaremos,
Nós triunfaremos, um dia.
Oh, no fundo do coração,
Acredito sinceramente,
Nós triunfaremos, um dia.

Nós marcharemos de mãos dadas,
Nós marcharemos de mãos dadas,
Nós marcharemos de mãos dadas, um dia.

Nós viveremos em paz,
Nós viveremos em paz,
Nós viveremos em paz, um dia.

Nós seremos todos livres, nós seremos todos livres,
Nós seremos todos livres, um dia.

Nós não temos medo, nós não temos medo,
Nós não temos medo, hoje.

Um Estados Unidos multicor

Os Estados Unidos possuem hoje 314 milhões de habitantes. A grande maioria dos norte-americanos é formada por brancos. Os hispânicos, oriundos da América Latina, representam aproximadamente 15% da população, e a população negra, aproximadamente 13%. Vivem também nos Estados Unidos norte-americanos de origem asiática e ameríndios, descendentes dos primeiros habitantes do território.

Embora atualmente as leis norte-americanas se mostrem vigilantes com relação à não discriminação baseada na origem ou na religião, muitas injustiças perduram e os preconceitos resistem.

Enquanto um branco em cada dez vive abaixo do limiar da pobreza, são três negros em cada dez que vivem na miséria. Isso acarreta grandes desigualdades no acesso à saúde ou a uma escolaridade mais consistente, por exemplo. As boas escolas são caras, enquanto a escola pública gratuita é frequentada por quase todas as crianças negras.

Official White House photo by Pete Souza

Matt Herron / Take Stock / The Image Works / Roger-Viollet

Acima: Rosa Parks na tribuna durante manifestação a favor dos direitos civis, em Montgomery, em 1965.

À esquerda: em 2012, o presidente Barack Obama prestou homenagem a Rosa Parks, sentando-se no mesmo lugar do qual a militante recusara-se a levantar, 57 anos antes, para cedê-lo a um branco. O ônibus encontra-se exposto no museu Henry Ford, em Dearborn (Michigan).

O presidente da esperança

A eleição de Barack Obama, em 2008, deu grandes esperanças às minorias étnicas dos Estados Unidos. Aliás, a maioria esmagadora desses cidadãos norte-americanos votou nele.

No entanto, leis e declarações oficiais não bastam para mudar tudo. As mentalidades ainda precisam evoluir muito para que brancos, negros, hispânicos ou quaisquer cidadãos oriundos de minorias possam ter acesso a cargos de responsabilidade em suas empresas ou na vida social e cultural.

O sonho de Rosa e Martin ganha forma. As tabuletas *White only* (reservado aos brancos) não passam de remota lembrança, mas muitos norte-americanos dedicam-se a transmitir a memória dos anos sombrios e de todas as lutas para que um Estados Unidos multicor avance ainda mais.

Os Estados Unidos hoje em dia

Sobre a autora

Raphaële Frier nasceu em Lyon, na França, em 1970. Estudou psicologia e educação, leciona no ensino fundamental e publicou mais de uma dezena de livros infantis.

Sobre o ilustrador

Zaü nasceu em Rennes, na França, em 1943. Estudou artes gráficas na École Estienne, em Paris, e começou a publicar em 1967. Já ilustrou mais de cem livros infantis.

Grafia atualizada segundo o Acordo Ortográfico da Língua Portuguesa de 1990, que entrou em vigor no Brasil em 2009.

Título original
Martin et Rosa: Martin Luther King et Rosa Parks, ensemble pour l'égalité

Créditos das fotos
p.42-3: DR | p.44: (ilustração): DR | p.45: Matt Heron / Take Stock / The Image Works / Roger-Viollet | p. 46: Roger-Viollet | p.47: AFP | p.48: PX / NY / Camerapress / Gamma | p.49: (esq.): The Image Works / Roger-Viollet | p.49: (dir.): George Ballis / Take Stock / The Image Works / Roger-Viollet p.50-1: Foto oficial da Casa Branca, por Pete Souza | p.51: Matt Heron / Take Stock / The Image Works / Roger-Viollet

4ª reimpressão

EDITORA PEQUENA ZAHAR
Praça Floriano, 19, sala 3001 – Cinelândia
20031-050 – Rio de Janeiro – RJ
(21) 3993-7510
www.companhiadasletras.com.br/pequenazahar
www.blogdaletrinhas.com.br
/pequenazahar
@pequenazahar
/CanalLetrinhaZ

CIP-Brasil. Catalogação na publicação
Sindicato Nacional dos Editores de Livros, RJ

F947m Frier, Raphaële
Martin e Rosa: Martin Luther King e Rosa Parks, unidos pela igualdade / Raphaële Frier; ilustrações Zaü; tradução André Telles. – 1ª ed. – Rio de Janeiro: Pequena Zahar, 2014.
il.

Tradução de: Martin et Rosa.
ISBN 978-85-66642-19-3

1. Literatura infantojuvenil francesa. 2. Movimentos sociais. 3. Igualdade. I. Zaü. II. Telles, André. III. Título.

14-11456 CDD: 028.5
CDU: 087.5

A marca FSC® é a garantia de que a madeira utilizada na fabricação do papel deste livro provém de florestas que foram gerenciadas de maneira ambientalmente correta, socialmente justa e economicamente viável, além de outras fontes de origem controlada.

Esta obra foi composta em Officina Sans e Isonorm por Mari Taboada e impressa pela Geográfica em ofsete sobre papel Couché Matte da Suzano S.A. para a Editora Schwarcz em abril de 2024